Reza Fathollah Nejad Asl

sundhed.dk: Das nationale e-Health Portal in Dänemark

Strukturelle Genese, Funktionen und Möglichkeiten

Reza Fathollah Nejad Asl

sundhed.dk: Das nationale e-Health Portal in Dänemark

Strukturelle Genese, Funktionen und Möglichkeiten

GRIN Verlag

Bibliografische Information der Deutschen Nationalbibliothek: Die Deutsche Bibliothek verzeichnet diese Publikation in der Deutschen Nationalbibliografie; detaillierte bibliografische Daten sind im Internet über http://dnb.d-nb.de/ abrufbar.

1. Auflage 2008
Copyright © 2008 GRIN Verlag
http://www.grin.com/
Druck und Bindung: Books on Demand GmbH, Norderstedt Germany
ISBN 978-3-640-23846-0

Universität Duisburg-Essen

FB Wirtschaftswissenschaften

Institut für Informatik und Wirtschaftsinformatik (ICB)

Lehrstuhl für Datenverwaltungssysteme und

Wissenspräsentation (DAWIS)

Sommersemester 2008

Seminararbeit im Rahmen der Veranstaltung:
Seminar: Neue Trends in der Medizinischen Informatik

Thema der Arbeit:

sundhed.dk: Das nationale e-Health Portal in Dänemark

–

Strukturelle Genese, Funktionen und Möglichkeiten

erstellt von:

Reza Fathollah Nejad Asl, B.Sc.
4. Fachsemester Medizin-Management (Master of Arts)

Abgabedatum: 13.10.2008

INHALTSVERZEICHNIS

TABELLEN- UND ABBILDUNGSVERZEICHNIS

Abkürzungsverzeichnis

CEN	Comité Européen de Normalisation, Europäisches Komitee für Normung
EDIFACT	Electronic Data Interchange For Administration, Commerce and Transport
IT	Informationstechnologie
VAN	Value Added Network
XML	Extensible Markup Language

0.   Einführung in die Hausarbeit

Die vorliegende Arbeit befasst sich mit dem nationalen dänischen e-Health Portal sundhed.dk. Gegenstand der Arbeit bildet dabei die strukturelle Entwicklung des Gesundheitsportals, die auf das dänische Gesundheitsdatennetzwerk MedCom und die nationale e-Health Strategie der Jahre 2003-2007 aufbaut.

Die Arbeit ist in vier Abschnitte untergliedert. Um die e-Health Aktivitäten in den thematischen Kontext einzuordnen, befasst sich der erste Abschnitt einführend mit der Darlegung des dänischen Gesundheitssystems, mit besonderem Fokus auf die Leistungserbringung, die administrative Organisation und das Krankenversicherungssystem. Die für die Entwicklung des Gesundheitsportals sundhed.dk wesentlichen e-Health Aktivitäten – nämlich der Aufbau des dänischen Gesundheitsdatennetzwerkes MedCom und die Formulierung der *National IT Strategy for the Danish Health Care Service 2003-2007* – werden in Abschnitt zwei der Arbeit vorgestellt. Der dritte Abschnitt zeigt dann vor dem organisatorischen Hintergrund des Gesundheitsportals seine grundlegenden Elemente, Funktionen und Möglichkeiten auf. Dabei wird die Perspektive des Bürgers und des Leistungserbringers eingenommen. Es wird ferner auf Sicherheitsaspekte und Zugriffsrechte eingegangen. Dieser dritte Abschnitt endet zur besseren Veranschaulichung der zuvor aufgezeigten Funktionen des Portals mit einem kurzen fiktiven Fallbeispiel. Die Arbeit schließt dann mit einer Zusammenfassung und einem Fazit.

1.   Überblick über das dänische Gesundheitssystem

1.1.   Leistungserbringung

Das dänische Gesundheitssystem kann in zwei Sektoren unterteilt werden: in den ambulanten und den stationären Sektor. Der ambulante Sektor hält die medizinische Grundversorgung der Bevölkerung vor. In diesem Bereich werden von den Leistungserbringern vorwiegend allgemeine Gesundheitsprobleme behandelt ([TMHI02] S. 7). Die ambulante ärztliche Versorgung erfolgt vor allem in den Praxen der ca. 3.600 Hausärzte, der rund 1.100 Fachärzte sowie der 2.700 Zahnärzte. Daneben spielen die Hausärzte im dänischen Primärarztsystem eine Schlüsselrolle. Sie fungieren als sogenannte „Gatekeeper", d.h. sie übernehmen eine Lotsenfunktion und veranlassen somit, ob ein bestimmter Facharzt konsultiert werden sollte, ein stationärer Aufenthalt notwendig ist – beides erfolgt durch eine entsprechende Überweisung – oder ob der Hausarzt selbst die notwendigen medizinischen Maßnahmen erbringen kann ([StNV07] S. 101). Die stationäre Versorgung wird überwiegend in den 78 staatlichen Krankenhäusern mit rund 28.000 Betten sichergestellt. Diese verfügen neben stationären Kliniken sowohl Ambulatorien als auch über Notaufnahmen, die 24 Stunden ihren Dienst anbieten ([StNV07] S. 104). In den Verantwortungsbereich der Krankenhäuser fallen all jene spezialisierten Untersuchungen und Behandlungen, die nicht zweckdienlich und sinnvoll genug im ambulanten Sektor erbracht werden können, da sie ein gewisses Maß an medizinischem Spezialwissen aber auch Ausstattung benötigen ([TMHI02] S. 37).

Arzneimittel, die von der staatlichen dänischen Arzneimittelbehörde (Lægemiddel Styrelsen) zugelassen sind, werden von öffentlichen Apotheken und Krankenhausapotheken vertrieben. Neben den rund 330 öffentlichen Apotheken sind in Dänemark seit 2001 jedoch auch Supermärkte und Kioske zum Verkauf von nicht-verschreibungspflichtigen Arzneimitteln berechtigt ([StNV07] S. 105ff.).

1.2.   Administrative Organisation

Die Integration von Informations- und Kommunikationstechnologien ist eng verknüpft mit den Veränderungen des dänischen Gesundheitssystems. Diese wurden vorwiegend durch den einschneidenden Umbau der föderalen, administrativen und Versorgungsstrukturen möglich ([Denz07] S. 379f.). Seit dieser Kommunalreform Anfang des Jahres 2007 ist das Mutterland Dänemark[1] in fünf Regionen und 98

---

[1] Das Königreich Dänemark ist gegliedert in Grönland, Färöer und das Mutterland.

Kommunen aufgeteilt ([StNV07] S. 5). So wurden die Zahl der Regionen und Kommunen deutlich reduziert. Vorher bestand Dänemark aus 24 Regionen und über 1300 Kommunen. Damit einhergehend wurde die Versorgungsstruktur verschlankt und die Hälfte der Krankenhausbetten wurde gestrichen ([Denz07] S. 380).

Das dänische Gesundheitssystem ist nach wie vor analog zur föderalen Verwaltungsstruktur dezentral organisiert ([TMHI02] S. 8). Während Organe auf nationaler Ebene ausschließlich regulatorische, überwachende und koordinierende Aufgaben inne haben, treten die Behörden auf regionaler und lokaler Ebene als Finanzierer und Träger der Leistungserbringer auf ([StNV07] S. 19). Nachfolgend werden die Aufgaben auf den verschiedenen Verwaltungsebenen beispielhaft vorgestellt.

Das Ministerium für Gesundheit und Prävention (Ministeriet for sundhed og forebyggelse)[2] – als oberste Gesundheitsbehörde – ist verantwortlich für die Gesetzgebung und Vorgabe allgemeiner Richtlinien im Bereich des Gesundheitswesens ([TMHI02] S. 10). Ihm unterstellt sind zahlreiche Abteilungen und Behörden wie die Nationale Gesundheitsbehörde (Sundhedsstyrelsen) oder die Dänische Arzneimittelagentur (Lægemiddel Styrelsen) (vgl. Abschnitt 1.1.). Die nationale Gesundheitsbehörde führt Aufsicht über die Angehörigen der Gesundheitsberufe und ihrer Organisationen. Darüber hinaus berät sie andere Ministerien, die Regionen und Kommunen in Gesundheitsangelegenheiten. Die fünf Regionen werden jeweils von Ratsversammlungen regiert, die alle vier Jahre gewählt werden und haben zusätzlich eine gemeinsame Vertretung (Danish Regions, Danske Regioner) in Kopenhagen ([StNV07] S. 26). Sie sind Träger der Krankenhäuser und Finanzierer der Leistungserbringer (vgl. Abschnitt 1.1.) ([TMHI02] S. 9). Im Zuständigkeitsbereich der 98 Kommunen liegen im Bereich des Gesundheitswesens hauptsächlich die öffentliche Gesundheit, die Maßnahmengestaltung zur Prävention, die Gesundheitsaufsicht über Schulen und die kinderzahnärztliche Versorgung. Überdies sind sie Träger der Pflegeheime ([TMHI02] S. 8f und [WHOR06]).

1.3.   Krankenversicherungssystem

Dänemark hat ein staatliches, steuerfinanziertes Gesundheitssystem ([TMHI02] S. 29). Die gesamte Wohnbevölkerung ist in der staatlichen Krankenversicherung pflichtversichert. Innerhalb dieser können die Versicherten ab dem 16. Lebensjahr

---

[2] Bis zum November 2007 waren die Ressorts der Gesundheit und des Innern in einem Ministerium untergebracht.

zwischen zwei Versicherungsmodellen – der Gruppe1 und der Gruppe 2 – wählen ([NCoM05b] S. 32).

Das Versicherungsmodell der Gruppe 1 schreibt den Patienten einen Behandlungspfad vor. In diesem Hausarztmodell können Fachärzte nur nach vorheriger Konsultation mit ihrem Hausarzt bzw. einer Überweisung durch diesen aufgesucht werden (vgl. Abschnitt 1.1.). Ausgenommen von dieser Vorabkonsultation sind Hals-Nasen-Ohren-Ärzte, Augenärzte, Zahnärzte sowie die Inanspruchnahme der Krankenhaus-Notaufnahmen. Die Wahl des Hausarztes steht den Versicherten frei; der Wechsel ist jedoch nur nach 6 Monaten möglich. Die Einweisung in ein Krankenhaus erfolgt nur nach Überweisung des Hausarztes bzw. der Spezialisten. Bewegt sich der Versicherte außerhalb des Pfades, so ist er verpflichtet die gesamten Kosten der Behandlung selbst zu tragen ([StNV07] S. 32). Der gesetzlich vorgeschriebene Behandlungspfad für Versicherte der Gruppe 1 ist in Darstellung 1 zusammenfassend aufgezeigt.

Abb. 1:   Gesetzlich vorgeschriebener Patientenpfad für Versicherte der Gruppe 1

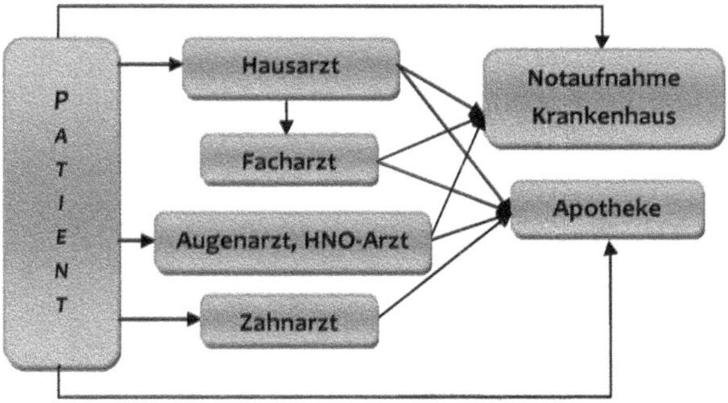

HNO: Hals-Nasen-Ohren-Heilkunde
Quelle: eigene Darstellung in Anlehnung an [StNV07, S. 98].

Alternativ hierzu ist aber die Wahl der Gruppe 2 möglich. In diesem Modell ist die Wahl des Hausarztes jederzeit frei und die Inanspruchnahme von Fachärzten sowie Krankenhäusern benötigt keine Überweisung. Die Behandlungskosten werden jedoch nur in der Höhe erstattet wie sie im Modell der Gruppe 1 versursacht geworden wären. Die Versicherten müssen in Vorkasse treten; es handelt sich somit um ein Kostenerstattungsmodell. Nicht zuletzt aufgrund dessen sind nahezu alle Versicherte (99%) im Modell der Gruppe 1 eingeschrieben ([NCoM05b] S. 32). Kinder unter 16 Jahren werden der Versicherungsgruppe ihrer Eltern zugeschrieben ([TMHI02] S. 29).

Die Behandlungen in der Gruppe 1 erfolgen in der Regel unentgeltlich. Wesentliche Ausnahmen bilden die zahnärztlichen Behandlungskosten und die Erstattung von Arzneimitteln im ambulanten Sektor. Die Kosten der zahnärztlichen Behandlung wird für Versicherte, die das 18. Lebensjahr überschritten haben, lediglich zum Teil staatlich bezuschusst. Kostenlose zahnärztliche Behandlung steht Kindern unter 18 Jahren, Menschen mit teilweiser Behinderung und denen den der Zugang zu Zahnärzten erschwert möglich ist zur Verfügung ([NCoM05b] S. 40f). Arzneimittelkosten im Zusammenhang mit dem Krankenhausaufenthalt werden voll erstattet. Hingegen sind Arzneimittel, die im ambulanten Sektor verschrieben werden zuzahlungspflichtig ([StNV07] S. 54).

Zusätzlich gibt es in Dänemark die Möglichkeit eine private Zusatzversicherung abzuschließen, die jene Behandlungskosten erstattet, die vom staatlichen Krankenversicherungssystem nicht abgedeckt sind. Dies betrifft zum einen die bereits erwähnte zahnärztliche Behandlung und die Erstattung von Arzneimitteln aber auch die Übernahme von Kosten für Brillengläser und der Physiotherapie ([StNV07] S. 55f).

2.   E-Health-Aktivitäten in Dänemark

Im folgenden Abschnitt erfolgt nun eine Darstellung der beiden für die Entwicklung des Gesundheitsportals sundhed.dk relevanten E-Health-Aktivitäten: der Aufbau des dänischen Gesundheitsdatennetzwerkes MedCom und die Formulierung der nationalen IT-Strategie.

2.1.   MedCom – The Danish Healthcare Data Network

Die Ursprünge des Datennetzwerkes im dänischen Gesundheitswesen gehen zurück bis Ende der 1980er Jahre, als das Interesse für die elektronische Kommunikation zwischen den verschiedenen Bereichen im dänischen aber auch im europäischen Gesundheitswesen stieg ([BjDu04] S. 60). Eine Vielzahl von Projekten begann damals auf lokaler Ebene, zumeist in Krankenhäusern, aber auch zwischen Arztpraxen und Apotheken. Als Pionier gilt das Projekt auf der Insel Amager in den Jahren 1989-1990, welches die Datenkommunikation zwischen 10 Apotheken und 11 Arztpraxen erprobte. Anfang der 1990er Jahre begannen dann regionale Großprojekte auf der Insel Fünen und in den beiden Großstädten Århus und Kopenhagen ([MedC03] S. 4).

Eine gemeinsames nationales Projekt, die die nationale Regierung, die Regionen und Kommunen sowie private Unternehmen und Verbände des Gesundheitswesens

zusammenbrachte, wurde schließlich 1994 vom Gesundheitsministerium unter dem Namen „MedCom – The Danish Healthcare Data Network" initiiert ([NCoM05a] S. 88). Die Zielsetzung von MedCom betraf die Entwicklung nationaler Standards für die Datenkommunikation zwischen den Leistungserbringern im Gesundheitswesen; also für Überweisungen, Entlassungsscheine, Laborresultate, Röntgenbilder, Arzneimittelrezepte und Krankenhausabrechnungen ([MedC03] S. 4). Dabei ist MedCom weder Nutzer noch Lieferant des Datennetzwerkes, sondern fungiert vielmehr als Koordinator in der Projektentwicklung ([BjDu04] S. 60). Tabelle 1 gibt einen Überblick über die einzelnen Phasen des MedCom-Projektes.

Tab. 1:   MedCom Projekte mit ihren bisherigen fünf Phasen

MedCom I	pioneer spirit and professionalism	1995 – 1996
MedCom II	implementation and consolidation	1997 – 1999
MedCom III	quality services and diffusion	2000 – 2001
MedCom IV	adopt Internet and web based technologies	2002 – 2005
MedCom V	„Good Web Services"	2006 - 2007

Quelle: eigene Darstellung in Anlehnung an [StJD06, S. 45].

Die erste Phase des MedCom-Projektes 1995-1996 befasste sich hauptsächlich mit der Entwicklung und Validierung von nationalen Standards des elektronischen Datenaustausches auf der Basis internationaler CEN[3]-Standards ([MedC03] S. 4). Zwar wurden in dieser ersten Phase in 25 Einzelprojekten mehrere Arztpraxen und Krankenhäuser eingebunden; der Standardisierungsprozess verlief jedoch langsam. Infolgedessen fokussierte man sich in der zweiten Prozessphase – MedCom II – auf die rasche Realisierung nationaler Standards. Auch die Zielgruppe wurde auf die Kommunen und die Zahnärzte ausgeweitet ([NCoM05a] S. 122). Bereits in dieser zweiten Phase (1997-2000) ist der elektronische Datenaustausch zwischen Krankenhäusern, Arztpraxen und Apotheken Alltagsrealität geworden. Ende des Jahres 1999 waren mehr als 2000 Leistungserbringer miteinander vernetzt. Monatlich wurden rund 1,3 Millionen elektronische Nachrichten miteinander ausgetauscht. Dies machte damals ein Drittel bis die Hälfte der Gesamtdaten aus, die nun elektronisch transferiert wurden ([MedC03] S. 5).

Während der dritten Phase – MedCom III – wurde die elektronische Kommunikation zwar flächendeckend genutzt und der elektronische Datenverkehr löste mehr und mehr die papierbasierte Kommunikation ab, jedoch zeigten sich auch Schwächen. Die

---

[3] CEN (Comité Européen de Normalisation) ist eines der drei großen Normungsorganisationen in Europa und ist u.a. verantwortlich für die europäischen Normen (EN).

damaligen Nachrichtenstandards waren nicht präzise genug und so wurde ein Hauptaugenmerk auf die Qualitätssicherung gelegt. Von nun an mussten die Software-Lieferanten des Projektes einen Zulassungs- und Zertifizierungsprozess durchlaufen ([BjDu04] S. 63).

Auf MedCom III aufbauend wurden in MedCom IV zwei große Projekte fokussiert: der Ausbau der flächendeckenden Verwendung von MedCom-Standards im stationären Sektor – u.a. die Ersetzung von EDIFACT-Nachrichten durch XML-Nachrichten[4] – und die Einführung einer umfangreichen internetbasierten Kommunikation im Gesundheitswesen ([MedC03] S. 6 und [BjDu04] S. 63). Letztgenanntes bildet als Rahmenprojekt die Grundlage für die Einführung des Gesundheitsportals sundhed.dk, welches in Abschnitt 3 eingehend dargestellt wird.

2.2. Die nationale dänische IT-Strategie 2003-2007

2.2.1. Gesundheitspolitische Ziele und ihre Zielgruppen

Die nationale dänische E-Health Strategie *(National IT Strategy for the Danish Health Care Service 2003-2007)* wurde nach breiten landesweiten Anhörungen im März 2003 vom Ministerium für Inneres und Gesundheit veröffentlicht ([LiKv03] S. 2). Sie stellt eine Überarbeitung und Weiterentwicklung der *National Strategy for IT in the Danish Hospital System 2000-2002* dar ([TMHI03] S. 5). Die Strategie konstatierte, dass die wichtigsten Gründe für die vermehrte Nutzung von IT im Gesundheitswesen in der Verbesserung der Qualität, Effizienz und Effektivität der Gesundheitsversorgung bestehen. Die Nutzung von IT soll einen Beitrag zur Erreichung der gesundheitspolitischen Ziele – so wie sie nachfolgend aufgelistet sind – beitragen:

- hohe Qualität
- kürzere Wartezeiten
- hohe Nutzerfreundlichkeit
- zuverlässige Informationen über die Leistungserbringung
- Effizienz und Effektivität
- Wahlfreiheit.

---

[4] EDIFACT (Electronic Data Interchange For Administration, Commerce and Transport) ist ein branchenübergreifender internationaler Standard für den Austausch weiter verarbeitbarer, geschäftlicher Daten. XML (Extensible Markup Language) ist eine Datenstruktursprache mit einheitlichen und plattformübergreifendem Format für den Austausch von Daten zwischen Computersystemen, speziell über das Internet ([FiHo08] S. 873f. und 951f.).

Dabei werden drei Akteure ausgemacht, für die die Verbesserungen eintreten: der Bürger bzw. der Patient, die Leistungserbringer des Gesundheitswesens und die Gesellschaft insgesamt.

Dem Patienten wird durch die Verwendung von IT ermöglicht, eine aktivere Rolle im Rahmen der Gesundheitsversorgung einzunehmen. Er wird hierdurch befähigt Zugang und Kontrolle über seine eigenen Gesundheitsinformationen zu erhalten ([TMHI03] S. 17ff).

Dem Leistungserbringer wird durch den Einsatz von IT im Gesundheitswesen zum einen die Kommunikation mit anderen Leistungserbringern erleichtert und zum anderen ein Zugang zu behandlungsrelevanten Informationen gewährleistet. Eine verbesserte Kommunikation geht mit einer Verbesserung der Behandlungsqualität einher ([TMHI03] S. 19ff).

Schließlich ist aus der gesamtgesellschaftlichen Perspektive festzuhalten, dass mit der Verwendung von IT im Gesundheitswesen ein optimaler Ressourceneinsatz erfolgen kann. IT kann der Modernisierung der Prozeduren sowie die Aufgabenverteilung über Sektorengrenzen – ambulant und stationär – hinaus vorantreiben. Neben Effizienz- und Effektivitätsgewinnen lassen sich hierdurch für den Patienten eine hohe Behandlungsqualität und kürzere Wartezeiten erreichen ([TMHI03] S. 22).

2.2.2. Die IT-Initiative für ein gemeinsames öffentliches Gesundheitsportal

Zur Erreichung der oben genannten Ziele beschreibt die IT-Strategie mehrere Initiativen. Im Rahmen der zugrunde liegenden Thematik dieser Arbeit ist die Initiative für ein gemeinsames öffentliches Gesundheitsportals (*common public health portal*) von besonderer Relevanz. Diese wird nun im Folgenden kurz dargestellt.

In der einführenden Beschreibung der Initiative der *National IT Strategy for the Danish Health Care Service 2003-2007* heißt es wörtlich:

"The purpose of the health portal is to bring together present and future information and communication in the field of health care. It is the intention to create a common electronic main entrance to the health care service, which can improve insight and better dialogue between the citizen and the health care service as well as support electronic communication and sharing of knowledge internally in the health care service." ([TMHI03] S. 44)

Aus dieser Definition geht also hervor, dass das Gesundheitsportal als Datenquelle für behandlungsrelevante Informationen, Zugangspunkt für die Bürger zum

Gesundheitswesen und Kommunikationsschnittstelle zwischen den unterschiedlichen Akteuren des Gesundheitssystems dienen soll.

Zusammenfassend kann somit festgehalten werden, dass das Gesundheitsportal sundhed.dk sowohl im Rahmen seiner historischen Genese und Idee als auch seiner infrastrukrturellen Einordnung auf dem MedCom-Projekt und der nationalen IT-Strategie basiert.

Dieser Zusammenhang ist auch in der folgenden Darstellung veranschaulicht.

Abb. 2:   Das Gesundheitsportal sundhed.dk als Zugriffspunkt zu MedCom

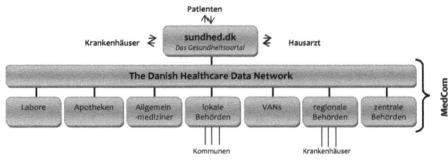

VANs: Value Added Networks (Mehrwertnetzwerke)
Quelle: eigene Darstellung in Anlehnung an[SundoJ, S. 2].

3.   sundhed.dk: Das nationale Gesundheitsportal

Im folgenden Abschnitt werden wesentliche Elemente, Funktionen und Möglichkeiten des Gesundheitsportals aufgezeigt. Zur besseren Veranschaulichung erfolgt am Ende dieses Abschnittes ein kurzes Fallbeispiel.

3.1.   Organisatorischer Hintergrund

Sundhed.dk ist ein nicht-gewinnorientiertes, gemeinsames Gesundheitsportal für Leistungserbringer und Bürger. Der IT-Dienstleister für das nationale e-Health Portal ist IBM. IBM übernahm das gesamte Projektmanagement, die Implementierung und Wartung der Applikationen (vgl. Abschnitt 3.2.), den Aufbau der Infrastruktur sowie den Betrieb des Portals ([Pfei06] S. 28).

Das Ministerium für Gesundheit und Inneres, die Danish Regions[5], der Greater Copenhagen Hospital Board, die Copenhagen Municipal Authority und Frederiksberg

---

[5] Vor der Kommunalreform 2007 waren sie in der Association of County Councils organisiert.

Municipal Authority sind Träger des Portals. Hauptfinanzierer des Projektes ist die Danish Pharmaceutical Association ([SundoJ] S. 3).

Das Budget zum Aufbau des Portals in den Jahren 2003 bis 2004 betrug 15 Millionen Euro. Danach belief sich das jährliche Budget auf 4,5 Millionen Euro, wovon etwa 3,5 Millionen Euro den IT-Tätigkeiten und rund 1,5 Millionen der Verwaltung und dem Personal zuzuschreiben sind ([Rast07] S. 7).

Wie aus der Tabelle 2 hervorgeht, stieg die Zahl der Besucher des Gesundheitsportals von ca. 80.000 Ende 2003 bis auf ca. 275.000 zu Beginn des Jahres 2007 an.

Abb. 3:   Besucherzahlen des Gesundheitsportals sundhed.dk von Dezember 2003 bis Januar 2007

Quelle: eigene Darstellung in Anlehnung an [Rast07, S. 11].

3.2.   Elemente, Funktionen und Möglichkeiten

3.2.1. Zugang zu den Gesundheitsdienstleistungen für den Bürger

Dem Bürger bzw. Patienten bietet das Gesundheitsportal eine Reihe von Funktionen, die ihm in seinem Behandlungsverlauf unterstützen.

So kann er über das Portal Termine mit seinem Hausarzt vereinbaren sowie sich jederzeit einen Überblick über seine Arzt- bzw. Krankenhaustermine verschaffen. Nach erfolgreicher Terminvereinbarung, erhält der Patient via E-Mail eine Bestätigungsbenachrichtigung. Die Vereinbarungen werden direkt in den Terminkalender des Arztes integriert. Chronisch Kranke können ohne das Aufsuchen der Arztpraxis ihre Arzneimittelrezepte online erneuern lassen. Ist die Anfrage durch den Arzt bestätigt, so wird die Verordnung ebenfalls auf elektronischem Wege an die vom Patienten gewählte Apotheke versendet. Der Patient wird hierüber per E-Mail benachrichtigt. Die elektronische Übertragung und Administration von Arzneimittelverordnungen bietet mehrere Vorteile. Durch die Vermeidung handgeschriebener Rezepte kann zum einen Zeit eingespart werden, zum anderen kann dadurch falscher Medikation begegnet werden. Viele wissenschaftliche Studien weisen auf diese Zusammenhänge hin. Mithilfe der sogenannten E-Mail-Konsultation erhält der

Patient die Gelegenheit dem Arzt Fragen im Hinblick auf seine Behandlung zu stellen. Insbesondere den Patienten beschämende oder unangenehme Fragen können auf diesem Kommunikationswege gestellt werden. Schließlich können nach Einverständnis des Patienten ihm auch seine Laborergebnisse per E-Mail zugestellt werden ([SundoJ] S. 4f.).

Tabelle 2 gibt einen Überblick über die zahlreichen Funktionen des Gesundheitsportals sundhed.dk für den Patienten.

Tab. 2:   Funktionen des Gesundheitsportals sundhed.dk für die Bürger bzw. Patienten

Terminvereinbarung mit dem Hausarzt
Bestätigungsbenachrichtigung via Email nach erfolgreicher Terminvereinbarung
Überblick über die Terminvereinbarungen mit den Leistungserbringern
Arzneimittelbestellung bei Apotheken
Rezepterneuerung für Arzneimittel
Überblick über die eigene Medikation
Informationen über spezifische Arzneimittel
Suchfunktion nach spezifischen Leistungserbringern
Überblick über die kürzesten Wartezeiten für Operationen
Sichere E-Mail Kommunikation mit den Leistungserbringern
Registrierung als Organspender
Einblick in die eigene Krankenakte (Behandlungen und Diagnosen)
Angaben zur vergleichenden Bewertung von Leistungserbringern bezüglich: Alter, Geschlecht, Ausbildung, Preisangaben (bei Zahnärzten)
Zugang zu lokalen Disease Management Programmen in ambulanten Kliniken, bspw. zur Behandlung von Diabetes mellitus

Quelle: eigene Darstellung in Anlehnung an [Acuro8].

Zusätzlich bietet das e-Health Portal zahlreiche allgemeine Informationen zum Gesundheitswesen, d.h. u.a. gibt es Auskunft über Krankheiten im Allgemeinen, über Schwangerschaft und über Ernährung. Ferner erhält man über die Website u.a. Einblick in klinische Leitlinien und Informationen zu Krankenhäusern und ihren Fachkliniken.

3.2.2. Kommunikation zwischen den Leistungserbringern

Mit Hilfe des internetbasierten Gesundheitsportals wird es den Leistungserbringern ermöglicht über geographische, organisatorische und technische Grenzen hinweg miteinander zu kommunizieren.

Während des gesamten Ablaufs der Behandlung, müssen sie dazu befähigt werden auf vorangegangene Behandlungen, Labortestergebnisse und Ergebnisse einzusehen, um

eine optimale Therapie für den Patienten sicherzustellen. Zusätzlich sollen hiermit auch unnötige Doppeluntersuchungen vermieden werden ([Acur08] S. 2). Sundhed.dk gibt den Leistungserbringer genau diese Möglichkeiten, die auch nachfolgend in Tabelle 3 aufgelistet sind.

Tab. 3:   Funktionen des Gesundheitsportals sundhed.dk für die Leistungserbringer

Zugang zu Labortestergebnissen
Informationen über die Medikation und die Compliance des Patienten
Zugang zu klinischen Leitlinien
Möglichkeit zur Darstellung und Präsentation der eigenen Organisation bzw. Praxis
Stellenangebote des gesamten Gesundheitswesens
Unterstützung durch klinische Patientenpfade, z.B. zur Behandlung von Schwangerschaften oder Diabetes mellitus
Zugang zu lokalen Disease Management Programmen in ambulanten Kliniken, bspw. zur Behandlung von Diabetes mellitus
Zugang zu medizinischen Datenbanken (z.B. Cochrane Collaboration)
Übersicht über Gesetze und Regulierungen des Gesundheitssystems
Zugang zur Stellenmarkt des gesamten Gesundheitssektors

Quelle: eigene Darstellung in Anlehnung an [Acur08].

3.2.3. Sicherheit und Zugriffsrechte

Wer seine persönliche Gesundheitsseite aufrufen möchte, benötigt eine digitale Signatur und ein Passwort. Auch Leistungserbringer, die auf solche Daten zugreifen möchten, brauchen spezielle Sicherheitszertifikate. Allgemeine Informationen zum Gesundheitswesen sind öffentlich für alle Benutzer zugänglich. Hingegen erfordern sensible persönliche Gesundheitsdaten eine Autorisierung durch den Bürger ([IBM05]). Der Patient kann jedoch stets überblicken, wer zur welchen Zeit auf welche Informationen seiner persönlichen Gesundheitsdaten zugegriffen hat ([Acur08] S. 2).

Die digitale Signatur kann über das dänische Telekommunikationsunternehmen TDC kostenlos angefordert werden. Funktionen vieler anderer eGovernment-Webseiten[6] in Dänemark können dann mit dieser digitalen Signatur genutzt werden [Euro08].

---

[6] Darunter wären zu nennen das Bürgerportal www.borger.dk oder das eGovernment-Portal für Gewerbetreibende www.virk.dk.

3.3.   Fiktives Fallbeispiel

Im Teilabschnitt 3.2. wurden die wesentlichen Funktionen und Möglichkeiten des Portals aufgezeigt. Zur besseren Veranschaulichung folgt nun ein kurzes fiktives Fallbeispiel, das von IBM [IBM05] konstruiert wurde.

Peter benutzt als Bürger das Portal. Er ist ein 40 Jahre alter Mann, der erst kürzlich in eine neue Stadt umgezogen ist. Eines Morgens verspürt Peter ein Stechen in der Brust und entscheidet, seinen Hausarzt zu konsultieren. Er öffnet das e-Health Portal, um einen Termin zu vereinbaren. Dazu wählt er das Ärzteverzeichnis aus, um Kontaktinformationen seines Hausarztes zu finden. Er wählt seine Region und Kommune aus der Liste der verfügbaren aus und sucht nach einem Hausarzt. Auf der Kontaktseite vereinbart Peter einen Termin mit seinem Arzt noch für denselben Tag.

In der Praxis untersucht der Arzt Peter und überprüft seine Krankengeschichte anhand der elektronischen Patientenakte im Portal. Die Krankengeschichte zeigt keine entsprechenden Vorfälle von Herzbeschwerden. Mit Hilfe eines Links im Portal findet der Arzt weitere Unterstützung zur Urteilsbildung über den Zustand des Patienten. Die Diagnose lautet „Verdacht auf Herzkrankheit" und der Arzt empfiehlt für weitere Untersuchungen eine Überweisung an einen Spezialisten. Gemeinsam entnehmen Peter und sein Hausarzt dem e-Health Portal Informationen über verfügbare Termine von in Frage kommenden Krankenhäusern. Da es sich um eine dringliche Untersuchung handelt, entscheiden sich beide für das Vejle Krankenhaus. Über einen Link kommen sie direkt auf die Seite des Vejle Krankenhauses, die mit zusätzlichen Informationen angereichert ist. Ferner finden sie Kontaktinformationen und auch Erfahrungsberichte anderer Patienten. Peter und sein Arzt sind sich nun sicher, dass dieses Krankenhaus die beste Wahl in Anbetracht der speziellen Situation ist.

Peter geht wieder nach Hause. Aber während des Wartens auf die stationäre Untersuchung, verschlimmert sich sein Zustand. Eines Abends hat er sogar einen Anfall und muss sofort in die Notambulanz. Mit Peters Zustimmung öffnet die Notfallmedizinerin Peters elektronische Gesundheitsakte und findet Informationen über Peters Diagnose und die ärztliche Zuweisung; registriert von Peters Hausarzt. Sie überweist Peter sofort an einen Kardiologen. Des Weiteren nimmt sie Einblick in Peters persönliches Medikationsprofil und sieht, dass Peter überempfindlich auf Penicillin reagiert. Die Untersuchung ergibt, dass Peter eine kleine Thrombose an einer Koronararterie hat und er wird nach 2 Tagen nach Hause entlassen. Jedoch muss er von nun an eine Antigerinnungsmittelbehandlung durchführen, bestehend aus der Kontrolle

des Blutgerinnungsfaktors und der Arzneimitteldosis ein bis zweimal pro Woche. Im ersten Monat besucht er die Ambulanz zur Beobachtung. Danach bekommt er ein Gerät, das es ihm ermöglicht einen Blutgerinnungsfaktor selbst zu testen.

Zuhause benutzt Peter das Portal, um seine Werte zu dokumentieren und weiter mit seiner Krankheit umzugehen. Durch einfachen Zugriff auf sein Portal hat er Zugang zu einem breiten Spektrum an allgemeinen Informationen aus dem Gesundheitswesen und zu spezifischen Informationen der Region, in der er lebt. Mit seiner digitalen Signatur loggt sich Peter auf seine persönliche Seite im Portal ein. Hier findet er nun Informationen bezüglich der Interaktion mit den Institutionen des Gesundheitswesens. Auf seiner persönlichen Seite hat Peter einen persönlichen Link den Informationen hinzugefügt, die er für seine Behandlung als relevant erachtet. Und sein persönlicher Kalender zeigt seine nächsten Termine in der Ambulanz. Dieser Termin wurde nach seinem letzten Besuch von der Klinik direkt eingetragen. Mit seinem Gerät misst er seinen Blutgerinnungsfaktor und sendet die Werte mittels sicherer E-Mail an das Krankenhaus. Er erhält Informationen über die empfohlene Dosierung für die nächste Woche. Da er weltweiten Zugriff auf das Portal hat, kann er auch uneingeschränkt reisen und das Krankenhaus kann seinen Zustand aus der Ferne beobachten. Peter muss nur einmal pro Jahr zum Arzt gehen. Auf dem Portal ist Peter als Organspender registriert, aber er entscheidet sich, seine Einstellungen zu ändern, nachdem seine Krankheit entdeckt wurde.

Aus seinem Profil kann Peter ersehen welche Leistungserbringer auf seine Daten zugegriffen haben und welche Informationen sie sich angesehen haben. Er entscheidet sich ferner dazu, seiner lokalen Apotheke die Berechtigung zur Einsicht in sein persönliches Medikationsprofil zu geben; so kann diese besser helfen und über Medikamente und Nebenwirkungen beraten.

Im Laufe des nächsten Monats muss Peter seinen Cholesterinspiegel überprüfen lassen und es existiert darüber hinaus der Verdacht auf ein Magengeschwür. Also vereinbart er wieder einen Termin mit seinem Hausarzt über das Portal. Der Termin wird im System des Hausarztes zusammen mit denen der andern Patienten registriert. Vor Peters Besuch hatte der Hausarzt eine Untersuchung einer schwangeren Frau und beendete seine Aufzeichnungen in der elektronischen Schwangerschaftsdokumentation, um sicherzustellen, dass die Hebamme, das Krankenhaus und die Frau die aktualisierten Ergebnisse seiner Untersuchung erhalten. Die Schwangerschaftsdokumentation ist einer der hinterlegten klinischen Behandlungspfade der elektronischen Gesundheitsakte.

Dann ruft er Peters Patientenakte auf; diese wurde mit den Informationen von Peters Krankenhausaufenthalt und seiner Antigerinnungsmittelbehandlung auf den neuesten Stand gebracht. Peter fragt bezüglich einer Behandlung des Magengeschwürs nach. Der Hausarzt überprüft, ob er Cimetidin mit Peters derzeitigem Medikament Warfarin verordnen kann. Er erhält eine Warnung über mögliche Kontraindikationen und es wird geraten ein anderes Medikament zu wählen. Er entscheidet sich für eine passende Medikation und stellt ein elektronisches Rezept dafür aus.

In Peters persönlichem Medikationsprofil, das von der Apotheke aktualisiert wird, prüft der Hausarzt die regelmäßige Einnahme der verschriebenen Medikamente, um ausschließen zu können, dass falsche und unregelmäßige Einnahme der Grund für seine derzeitigen Beschwerden ist. Jetzt ist er gut vorbereitet, um Peter für Beratung und Bluttest in seiner Praxis zu empfangen. Ein paar Tage später werden die Ergebnisse des Bluttests vom Labor elektronisch direkt in das Portal eingebunden.

4.   Zusammenfassung und Fazit

Das dänische Gesundheitswesen kann in zwei Sektoren eingeteilt werden. Der Primärarztbereich wird von Haus-, Fach- und Zahnärzten vorgehalten, während die Sekundärversorgung in spezialisierten Kliniken erfolgt. Im dänischen Gesundheitswesen herrscht das sogenannte Hausarztmodell vor. Dieses schreibt dem Hausarzt eine besondere Lotsenfunktion zu. Im Jahre 2007 fand eine einschneidende Kommunalreform statt. Die Administration des Gesundheitssystems ist analog zur staatlichen Verwaltung dezentral organisiert. Das dänische Krankenversicherungssystem ist staatlich und steuerfinanziert. Versicherten der Gruppe 1 ist ein besonderer Behandlungspfad vorgeschrieben.

Die für die Entwicklung des nationalen dänischen Gesundheitsportals sundhed.dk wesentlichen E-Health Aktivitäten sind zum einen der Aufbau des Gesundheitsdatennetzwerkes MedCom und zum anderen die Formulierung der nationalen E-Health-Strategie. Die Zielsetzung von MedCom war die Entwicklung nationaler Standards für die Datenkommunikation zwischen den verschiedenen Akteuren des Gesundheitswesens. Für die *National IT Strategy for the Danish Health Care Service 2003-2007* sind die Verbesserung der Qualität, Effizienz und Effektivität wichtige Gründe für die angestoßene vermehrte Nutzung von IT im Gesundheitswesen. Sie kann ferner zur Erreichung gesundheitspolitischer Ziele beitragen. Sowohl aus Patienten- und Leistungserbringersicht aber auch aus gesamtgesellschaftlicher

Perspektive ist die Verwendung von IT im Gesundheitswesen notwendig und vorteilhaft. Hierzu beschreibt die IT-Strategie u.a. eine Initiative für ein gemeinsames öffentliches Gesundheitsportal. Schließlich lässt sich feststellen, dass das Gesundheitsportal infrastrukturell auf dem dänischen Gesundheitsdatennetzwerk MedCom basiert.

Den Bürgern sowie den Leistungserbringern bietet sundhed.dk vielseitige Funktionen und Möglichkeiten. Auf Basis dieses Zugriffs verschiedenartiger und teils sensibler Gesundheitsinformationen, wurden Sicherheitsaspekte berücksichtigt.

Sunhed.dk ermöglicht den Bürgern und den Leistungserbringern über geographische, organisatorische und technische Grenzen hinweg miteinander zu kommunizieren. Eine optimierte Therapie kann durch die zahlreichen Funktionen sichergestellt werden. Diese Qualitätsverbesserung kann zusätzlich mit Effizienzverbesserungen einhergehen. Denn es können durch die einheitliche Dokumentation der Behandlung und die ständige Nachvollziehbarkeit des Behandlungspfades unnötige Doppel- oder Mehrfachuntersuchungen vermieden werden. Dieses weltweit mehrfach preisgekrönte Gesundheitsportal[7] bietet als IT-Lösung ein wichtiges Unterstützungsinstrument für die aktuellen Herausforderungen moderner Gesundheitssysteme.

---

[7] Das Projekt des Gesundheitsportals sundhed.dk erhielt unter anderem von der Europäischen Union den e-Health Award 2004 (zusammen mit MedCom) und gehörte zu den Finalisten des e-Government Awards 2007 der Europäischen Kommission.

LITERATURVERZEICHNIS

[Acur08]   Acure; The Danish National e-Health Portal – sundhed.dk, Acure – an
              IBM   division;   2008;   in: WWW,   http://www-
              05.ibm.com/services/dk/gbs/healthcare/eng/pdf/UK_danish_national_ehe
              alth_portal.pdf; Abruf am 03.09.2008.

[BjDu04]   Bjerregaard Jensen, Henrik / Duedal Pedersen, Claus; MedCom: Danish
              Health Care Network; In, *E-Health*, IOS Press; No. 100; 2004; S. 59-65.

[Denz07]   Denz, Martin; Konsequenzen der nationalen E-Health-Strategie; In,
              Schweizerische Ärztezeitung; 88: 9; 2007; S. 378-382.

[Dued04]   Duedal Pedersen, Claus; E-Health in the Scandinavian Countries; In: *E-
              Health*, IOS Press; No. 106; 2004; S. 137-143.

[Euro08]   European Communities; eGovernment Factsheet – Denmark – National
              Infrastructure;   in: WWW,   http://www.epractice.eu/document/3323;
              Abruf am 05.10.2008.

[FiHo08]   Fischer, Peter / Hofer , Peter; Lexikon der Informatik; Springer; Berlin;
              2008.

[Hofm05]   Hofmann, Markus; Besser ist's im Staate Dänemark; In, *NZZ-Folio;* 9;
              2005; in: WWW, http://www.nzzfolio.ch/www/d80bd71b-b264-4db4-
              afd0-277884b93470/showarticle/a641d007-1251-4c30-b0c8-
              8ff9548bee22.aspx; Abruf am 23.08.2008.

[IBM05]   IBM; Das Nationale Dänische e-Health Portal; 2005; in: WWW,
              http://www.sundhed.dk/Images/alle/redaktion/presentation/sundhed_dk_
              deutsch.pps; Abruf am 23.08.2008.

[LiKv03]   Lippert, Søren / Kverneland, Arne; The Danish National Health
              Informatics Strategy; In, *Studies in health technology and informatics;*
              95; 2003; S. 845-850.

[MedC03]   MedCom – the Danish Healthcare Data Network; MedCom IV: Status,
              plans   and   projects,   MC-S177;   2003;   in: WWW,
              http://www.medcom.dk/dwn396; Abruf am 27.08.2008.

[MedC07]   MedCom – the Danish Healthcare Data Network; Status report MedCom
              5: On the threshold of a healthcare IT system for a new era; MC-S212;
              2007; in: WWW, http://www.medcom.dk/dwn1830; Abruf am
              27.08.2008.

[NCoM05a]   Nordic Council of Ministers; Health and Social Sectors with an "e" – A study of the Nordic countries; TemaNord; Copenhagen; 2005.

[NCoM05b]   Nordic Council of Ministers; Welfare and health Services in the Nordic Countries – Consumer Choices; TemaNord; Copenhagen; 2005.

[Nufe07]   Nufer, Markus; Gesundheitsportal – Element einer erfolgreichen eHealth Strategie; In, *SIR-Medical;* 3; 2007; S. 2-4.

[Pfei06]   Pfeifer-Tritscher, Astrid; E-Health in der Praxis, Das dänische Gesundheitsportal; Präsentation des Global Business Services der IBM Corporation; 2006; in: WWW, http://www.initiative-elga.at/ELGA/Nachbarn_Infos/Das_daenische_Gesundheitsportal_IBM.pdf; Abruf am 03.09.2008.

[Preu08]   Preusker, Uwe K.; Gesundheitstelematik in Nordeuropa – Unabhängig von Raum und Zeit; In, *Deutsches Ärzteblatt;* Jg. 105; Heft 9; 2008; S. A452-A465.

[Rast07]   Rastrup Andersen, Jens; Sundhed.dk – the national Danish e-Health Portal; Präsentation, eHealth Conference 2007, 18th april, London; in: WWW, http://www.ehealthconference.info/Presentations/d_jens_rastrup_anderse n.pdf; Abruf am 03.09.2008.

[StNV07]   Strandberg-Larsen, Martin / Nielsen, Mikkel Bernt / Vallgarda, Signild et al.; Denmark: Health system review; In, Mossialos, Elias (Hrsg.); *Health Systems in Transition;* Vol. 9; No. 6; European Observatory on Health Systems and Policies; 2007.

[StJD06]   Stroetmann, Karl A. / Jones, Tom / Dobrev, Alexander et al.; eHealth is Worth it – The economic benefits of implemented eHealth solutions at ten European sites; Office for Official Publications of the European Communities; Luxembourg; 2006.

[SundoJ]   Sundhed.dk; The Danish eHealth experience: One Portal for Citizens and Professionals; in: WWW, http://www.sundhed.dk/Images/alle/redaktion/english/The_Danish_eHeal th_experience.pdf; Abruf am 23.09.2008.

[TMHI02]   The Ministry of the Interior and Health; Health care in Denmark, 5. Edition; 2002.

[TMHI03]   The Ministry of the Interior and Health; National IT Strategy for the
              Danish   Health   Care   Service   2003-2007;   2003;   in: WWW,
              http://www.sst.dk/publ/Publ2004/National_IT_strategy.pdf;   Abruf   am
              14.08.2008.

[WHOR06]   WHO Regional Office for Europe; Highlights on health in Denmark
              2004; in: WWW, http://www.euro.who.int/document/E88545.pdf; Abruf
              am 13.08.2008.